CARTILHA DE ALFABETIZAÇÃO

TREINANDO CALIGRAFIA

ALFABETO EM LETRA CURSIVA

CB130955

BICHO ESPERTO

EXPEDIENTE

FUNDADOR	**Italo Amadio** *(in memoriam)*
DIRETORA EDITORIAL	**Katia F. Amadio**
EDITOR	**Eduardo Starke**
REVISÃO	**Valquíria Matiolli**
PROJETO GRÁFICO	**Jefferson Ferreira**
ILUSTRAÇÕES	**Marcelo Gagliano**
	R2 Estúdio
ILUSTRAÇÃO DE CAPA	**DS Ilustras**

Dados Internacionais de Catalogação na Publicação (CIP)
Angélica Ilacqua CRB-8/7057

Vasconcelos, Adson
Treinando caligrafia (cartilha de alfabetização) [coleção] / Vasconcelos, Adson ; ilustrações de Marcelo Gagliano. -- São Paulo : Rideel, 2019.
3 v. : il., color.

ISBN 978-85-339-4355-1 - Alfabeto em letra cursiva
ISBN 978-85-339-4354-4 - Alfabeto em letra de fôrma
ISBN 978-85-339-5596-7 - Coordenação motora

1. Caligrafia (Ensino) - Cadernos 2. Alfabetização I. Título II. Gagliano, Marcelo

19-1044 CDD 372.634

Índices para catálogo sistemático:

1. Caligrafia

EDITORA RIDEEL BICHO ESPERTO

Av. Casa Verde, 455 – Casa Verde
CEP 02519-000 – São Paulo – SP
e-mail: sac@rideel.com.br
www.editorarideel.com.br

O CIRCO E O PARQUE DE DIVERSÕES SÃO LUGARES QUE ENCANTAM E DIVERTEM AS CRIANÇAS!

COPIE AS FRASES ABAIXO E FORME O TEXTO.

Hoje tem marmelada?

Tem, sim senhor!

Hoje tem goiabada?

Tem, sim senhor!

E o palhaço, o que é?

É ladrão de mulher!

LEIA E ESCREVA AS PALAVRAS E FRASES. DEPOIS, CIRCULE O DESENHO CORRESPONDENTE.

Cartola

O mágico usa uma cartola na cabeça.

Malabarista

O malabarista se equilibra na bola.

Montanha-russa

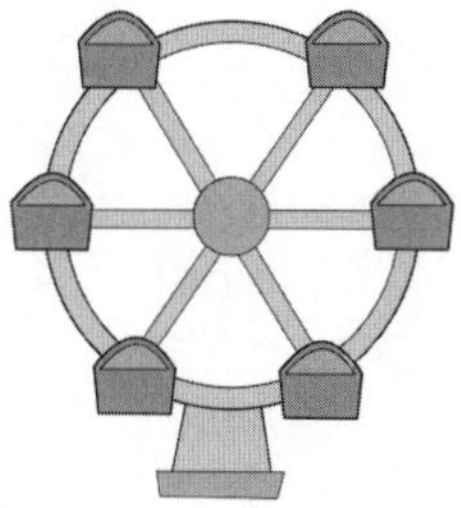

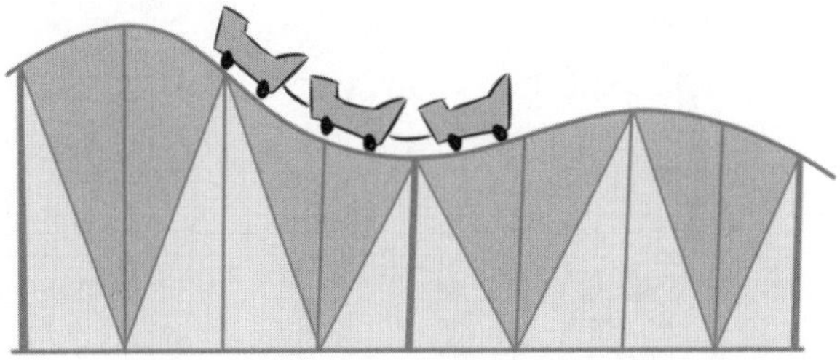

A montanha-russa é um brinquedo radical.

Pipoca

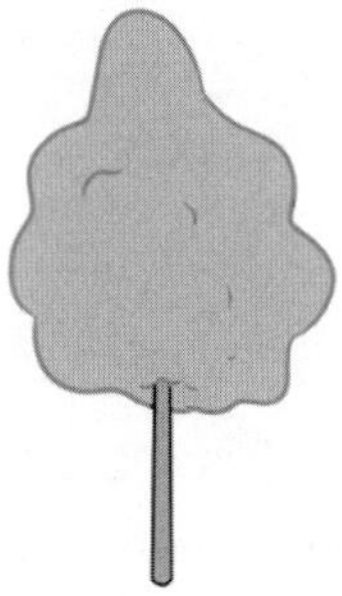

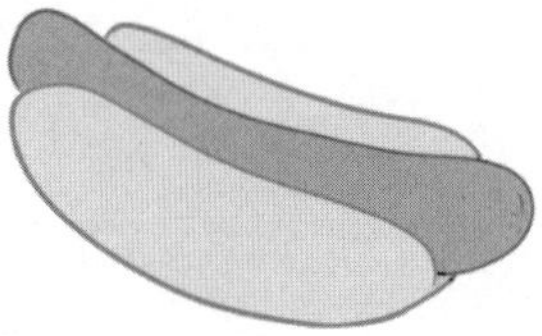

A pipoca colorida é a mais gostosa do parque.

CUBRA AS PALAVRAS E LIGUE CADA UMA AO DESENHO CORRESPONDENTE.

Malabarista

Pescaria

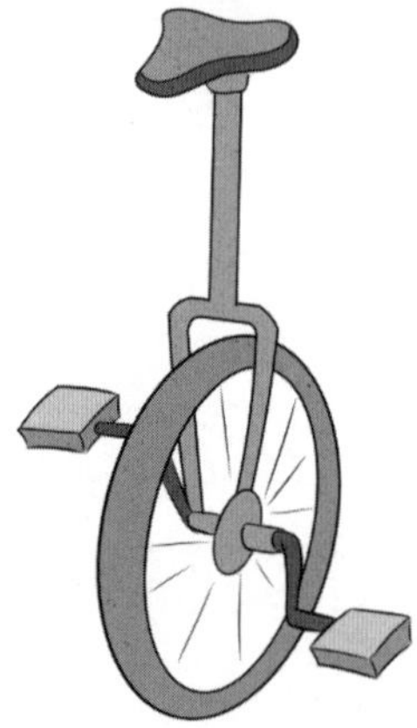

Monociclo

Pedalinho

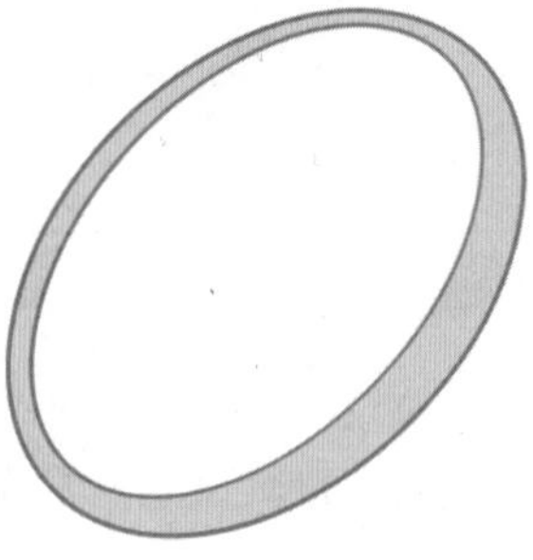

Argola

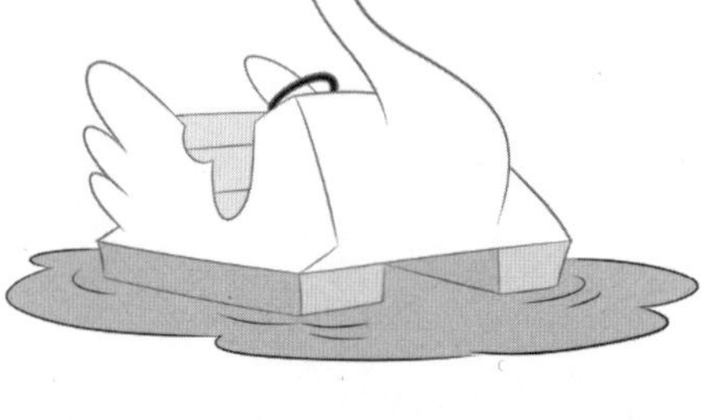

COMPLETE AS PALAVRAS COM AS VOGAIS E COPIE AS FRASES.

a - e - i - o - u

B_lh_t_r_ _

Comprei os ingressos na bilheteria.

C_nt_rc_ _n_st_

Os contorcionistas dobram o corpo com facilidade.

_sp_t_c_l_

O espetáculo vai começar!

C_ _lh_

O coelho saiu da cartola.

ESCREVA A LETRA INICIAL NO QUADRADINHO E COPIE AS PALAVRAS.

☐ arrossel

☐ scorregador

☐ lefante

☐ angorra

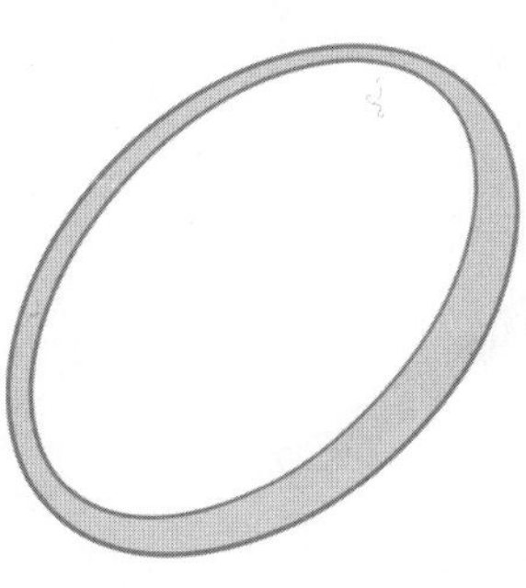

☐ rgola

PINTE DA MESMA COR AS PALAVRAS QUE TÊM O MESMO NOME.

PALHAÇO	*varinha*
MALABARISTA	*foca*
CARROSSEL	*palhaço*
FOCA	*malabarista*
MÁGICO	*carrossel*
VARINHA	*mágico*

CARTILHA DE ALFABETIZAÇÃO

TREINANDO CALIGRAFIA

ALFABETO EM LETRA CURSIVA

Adson Vasconcelos

CONTINUE A ESCREVER A LETRA **A**.

A a

Arara
arara

A A

A A

a a

a a

CONTINUE A ESCREVER A LETRA **A**.

A a

Anel
anel

CONTINUE A ESCREVER A LETRA **B**.

B b

Bola
bola

B B

B B

b b

b b

CONTINUE A ESCREVER A LETRA **C**.

C c

Copo
copo

CONTINUE A ESCREVER A LETRA **D**.

D d

Dado
dado

CONTINUE A ESCREVER A LETRA **E**.

E e

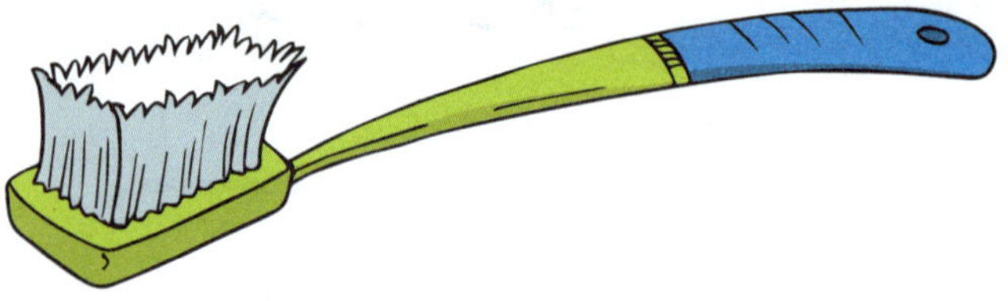

Escova
escova

CONTINUE A ESCREVER A LETRA **F**.

F f

Fogão
fogão

CONTINUE A ESCREVER A LETRA **G**.

Galo
galo

CONTINUE A ESCREVER A LETRA **H**.

H h

Hiena
hiena

CONTINUE A ESCREVER A LETRA **I**.

I i

Iguana
iguana

CONTINUE A ESCREVER A LETRA **J**.

J j

Jornal
jornal

CONTINUE A ESCREVER A LETRA **K**.

K k

Ketchup
ketchup

K K

K K

k k

k k

CONTINUE A ESCREVER A LETRA **L**.

L l

Lobo
lobo

CONTINUE A ESCREVER A LETRA **M**.

Mm

Milho
milho

Mm
Mm
mm
mm

CONTINUE A ESCREVER A LETRA **N**.

N n

Navio
navio

CONTINUE A ESCREVER A LETRA **O**.

O o

Ovelha
ovelha

CONTINUE A ESCREVER A LETRA **P**.

P p

Peixe
peixe

CONTINUE A ESCREVER A LETRA **Q**.

Qq

Quati
quati

CONTINUE A ESCREVER A LETRA **R**.

R r

Rato
rato

CONTINUE A ESCREVER A LETRA **S**.

S s

Sapo
sapo

CONTINUE A ESCREVER A LETRA **T**.

T t

Tatu
tatu

CONTINUE A ESCREVER A LETRA **U**.

U u

Urubu
urubu

CONTINUE A ESCREVER A LETRA **V**.

V v

Vaca
vaca

CONTINUE A ESCREVER A LETRA **W**.

W w

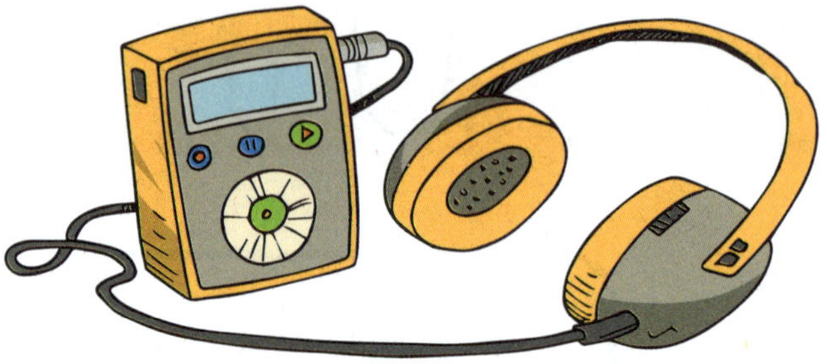

Walkman
walkman

CONTINUE A ESCREVER A LETRA **X**.

X x

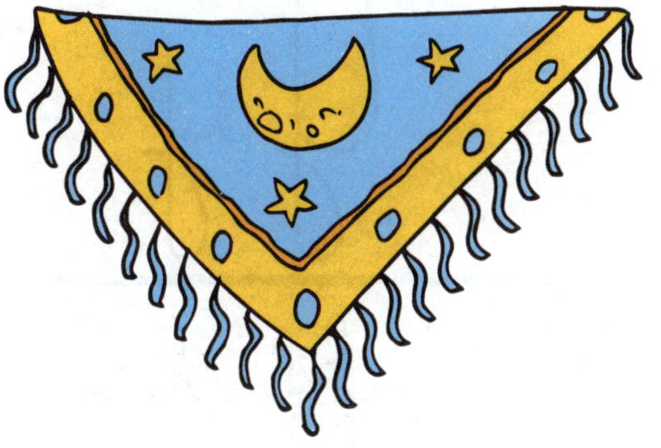

Xale
xale

CONTINUE A ESCREVER A LETRA **Y**.

Y y

Yakisoba
yakisoba

CONTINUE A ESCREVER A LETRA **Z**.

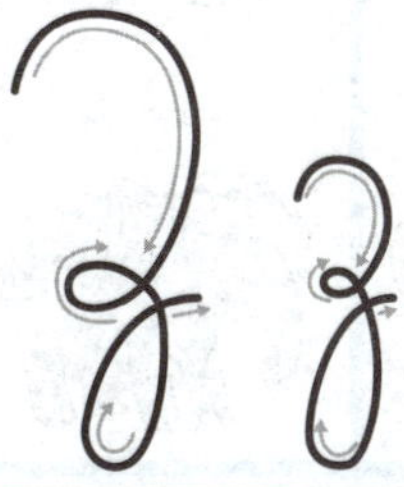

Zebra
zebra

Letras cursivas

EM CADA QUADRINHO, CUBRA AS LETRAS CURSIVAS.

A a A a 	B b B b 	C c C c 	D d D d 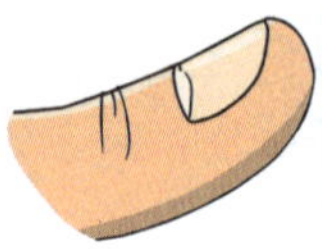	E e E e 	F f F f 
G g G g 	H h H h 	I i I i 	J j J j 	K k K k 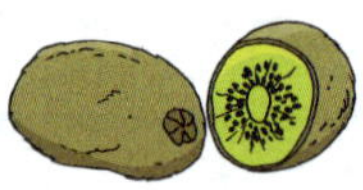	L l L l 
M m M m 	N n N n 	O o O o 	P p P p 	Q q Q q 	R r R r 
S s S s 	T t T t 	U u U u 	V v V v 	W w W w 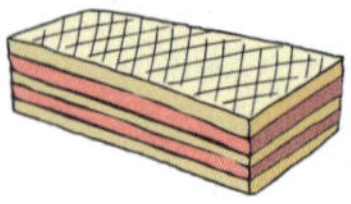	X x X x 
Y y Y y 	Z z Z z 				

CUBRA A LETRA **A**.

A a

ABACAXI

A a a

CUBRA A LETRA **B**.

B b

BERÇO

CUBRA A LETRA **C**.

CELULAR

CUBRA A LETRA **D**.

DADO

CUBRA A LETRA **E**.

E e

ESCADA

CUBRA A LETRA **F**.

F f

FOCA

F f

CUBRA A LETRA **G**.

GELO

CUBRA A LETRA **H**.

H h

HIDRANTE

H h

CUBRA A LETRA **I**.

I i

IGREJA

CUBRA A LETRA **J**.

JABUTI

CUBRA A LETRA **K**.

K k

KÁTIA

K k

CUBRA A LETRA **L**.

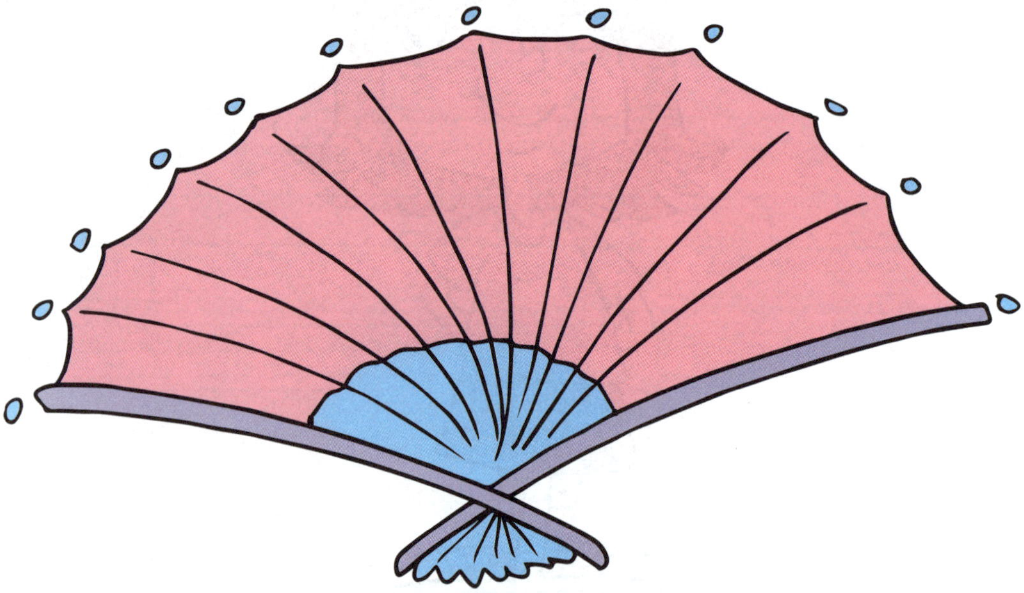

LEQUE

CUBRA A LETRA **M**.

M m

MELANCIA

CUBRA A LETRA **N**.

N n

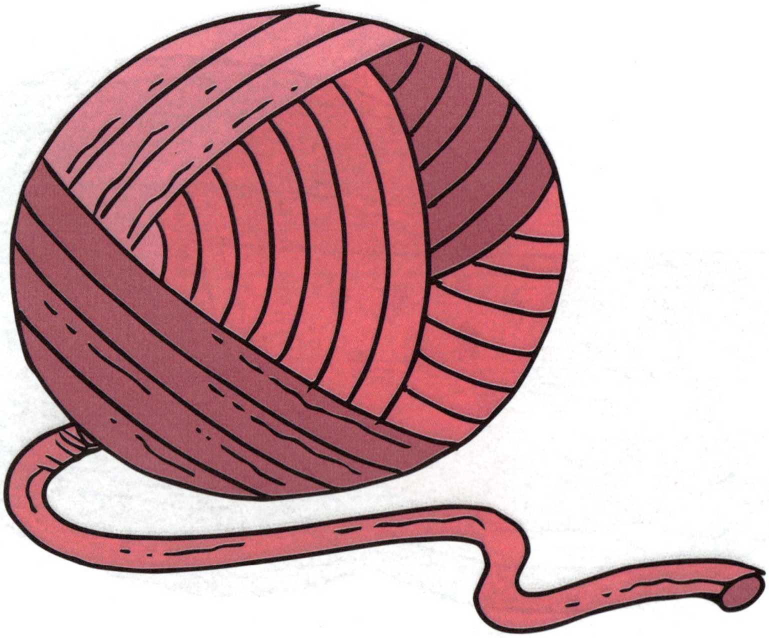

NOVELO

n n

CUBRA A LETRA **O**.

OVO

CUBRA A LETRA **P**.

P p

PETECA

𝓅 𝓅

CUBRA A LETRA **Q**.

Q q

QUIABO

Q q

CUBRA A LETRA **R**.

R r

REGADOR

R r

CUBRA A LETRA **S**.

SABONETE

CUBRA A LETRA **T**.

TESOURO

CUBRA A LETRA **U**.

URSO

CUBRA A LETRA **V**.

V v

VASO

𝒱 𝓋

CUBRA A LETRA **W**.

W w

WÍLSON

CUBRA A LETRA **X**.

X X

XÍCARA

x x

CUBRA A LETRA **Y**.

YÚRI

CUBRA A LETRA **Z**.

ZEBRA

COPIE A PRIMEIRA LETRA DE CADA PALAVRA NO QUADRINHO E FORME O ALFABETO.

ANEL

BOLA

CASA

DADO

ESCADA

FADA

GATO

HOMEM

IGREJA

JANELA

KART

LESMA

MAÇÃ

COPIE A PRIMEIRA LETRA DE CADA PALAVRA NO QUADRINHO E FORME O ALFABETO.

NAVIO

ONÇA

PEIXE

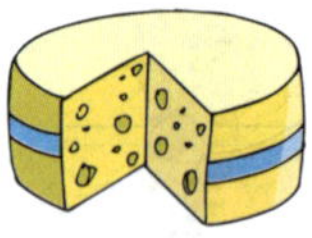

QUEIJO

RODA

SOL

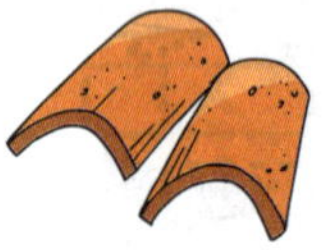

TELHA

UVA

VACA

WANDA

XÍCARA

YÚRI

ZEBRA

ALFABETO MÓVEL

A	A	A	a	a	a
B	B	B	b	b	b
C	C	C	c	c	c
D	D	D	d	d	d
E	E	E	e	e	e
F	F	F	f	f	f
G	G	G	g	g	g
H	H	H	h	h	h

ALFABETO MÓVEL

I	I	I	i	i	i
J	J	J	j	j	j
K	K	K	k	k	k
L	L	L	l	l	l
M	M	M	m	m	m
N	N	N	n	n	n
O	O	O	o	o	o
P	P	P	p	p	p
Q	Q	Q	q	q	q

ALFABETO MÓVEL

R	R	R	r	r	r
S	S	S	s	s	s
T	T	T	t	t	t
U	U	U	u	u	u
V	V	V	v	v	v
W	W	W	w	w	w
X	X	X	x	x	x
Y	Y	Y	y	y	y
Z	Z	Z	z	z	z

ALFABETO MÓVEL

ã	â	á	ç	ç	ú
ê	é	í	õ	ó	ô
ã	â	á	ç	ç	ú
ê	é	í	õ	ó	ô
ã	â	á	ç	ç	ú
ê	é	í	õ	ó	ô